ANA SUY

A CORDA QUE SAI DO **ÚTERO**

Ilustrações
Julia Panadés

🌐 Planeta

Copyright © Ana Suy Sesarino Kuss, 2024
Copyright © Editora Planeta do Brasil, 2024
Todos os direitos reservados.

Revisão: Yara Camillo e Thayslane Ferreira
Projeto gráfico e diagramação: Márcia Matos
Capa: Helena Hanneman | Foresti Design
Tratamento de ilustrações: Isabella Teixeira
Ilustrações de capa e miolo: Julia Panadés

Dados Internacionais de Catalogação na Publicação (CIP)
Angélica Ilacqua CRB-8/7057

Suy, Ana
  A corda que sai do útero / Ana Suy. — São Paulo : Planeta do Brasil, 2024.
  144 p.

ISBN 978-85-422-2735-2

1. Poesia brasileira I. Título

24-2216   CDD B869.1

Índice para catálogo sistemático:
1. Poesia brasileira

Ao escolher este livro, você está apoiando o manejo responsável das florestas do mundo

2024
Todos os direitos desta edição reservados à
EDITORA PLANETA DO BRASIL LTDA.
Rua Bela Cintra, 986 – 4º andar
Consolação – 01415-002 – São Paulo-SP
www.planetadelivros.com.br
faleconosco@editoraplaneta.com.br

Para Dolores,
minha mãe:
tudo o que eu escrevo
é por causa de você.

Para Milena Yumi,
minha filha:
porque sim.

OLÁ, NOVA EDIÇÃO!

> ... as palavras não fazem o amor,
> fazem a ausência.
> ALEJANDRA PIZARNIK

Sou uma pessoa que diz não ter medo de aviões. Viajo tranquila, não me medico, não faço respiração especial, não racionalizo lembrando o quão raro são aviões caírem na tentativa de me tranquilizar. Eu sequer me lembro de ser constante no meu único pequeno ritual para entrar num avião, que consiste em pisar nele com o pé direito primeiro. Mas, desde que virei mãe, tenho tido umas ideias estranhas antes de voar.

Uma vez, quando aguardava a decolagem do avião, pensei que talvez pudesse escrever um livro para a minha filha contendo tudo o que eu já aprendi até hoje e gostaria que ela soubesse, pois se eu morresse, o livro estaria espalhado por aí e não teria risco de os escritos se perderem, como aconteceria com notas no celular, no computador ou num caderno. Mesmo na tal da "nuvem", na qual tanto confiamos hoje em dia, não se garantiria que os escritos chegassem a ela, porque... bom, porque na verdade essa coisa de nuvem é demasiadamente abstrata para mim. Me agradaria, então, o mundo todo com papeizinhos que a protegessem de algo – além de ser um bom motivo para me animar a vender muitos livros.

Como se conselho de mãe servisse para prevenir alguma coisa. Conselho de mãe serve, na verdade, sobretudo, para a gente se dar conta – só depois – de que nossos pais não são pessoas aleatórias emitindo sons. Ou seja, serviria apenas ao meu narcisismo póstumo de ser bem-vista pela minha filha mesmo quando eu não estivesse mais aqui. Guarde essa ideia que já retorno a ela.

Antes preciso dizer que, com alguma frequência, as pessoas (como são gentis as pessoas que me leem) me agradecem por escrever. Acho sempre um pouco constrangedor, porque eu não escrevo por causa delas, não faço favores e sequer escrevo o que suponho que gostariam que eu escrevesse. Eu escrevo por uma necessidade minha. Com olhares generosos podemos chamar isso de talento ou vocação, mas com olhares mais maldosos podemos chamar de presunção ou egoísmo. Eu, que sei ser generosa comigo e também sei ser maldosa com a minha pessoa, entendo que escrevo por esses motivos todos.

Quando o Felipe Brandão, diretor da editora Planeta, me convidou para publicar uma nova edição deste livro, cuja primeira edição havia sido publicada pela editora Patuá em 2020, confesso que fiquei com vergonha de precisar reler – em especial o prefácio que havia escrito na época, porque ali me esbanjei em dizer do meu suposto egoísmo por ter escrito a primeira versão do livro durante o começo da pandemia. Quando o publiquei, o pior da pandemia ainda nem tinha chegado. Não sei se teria publicado aquilo no ano seguinte, por exemplo. Impossível saber. Mais do que isso, sei sim, mesmo que tivesse publicado ia ser outra coisa, porque se as coisas acontecessem diferentes, nós seríamos diferentes e eu teria escrito outra coisa. Então, qualquer elemento no mundo é capaz de alterar o que alguém escreve. Me empolguei aqui, confesso. Mas o que eu queria dizer é: se não fosse aquele texto, então, não seria este.

Escrevo esta introdução para dizer que a minha ideia presunçosa de espalhar bilhetes meus para a minha filha pelo mundo se remexeu, e este livro é um pouco do resultado. Não se trata de enchê-la de orientações e conselhos (até porque vocês vão ver que não tem sequer uma unidade de recomendação aqui), mas de dividir com minhas leitoras, especialmente, um pouco do que aprendi até o momento com minha filha, com a experiência da maternidade que, para mim, foi e é uma experiência de corpo (aproveito para dizer que por isso o tema da dança tanto aparece aqui). Escrever é dividir. Dividir comigo, me dividir entre aquela que escreve e aquela que se deixa alterar pela escrita. Entre aquela que escreve e aquela que lê o que escreve. Publicar é colocar mais uma camada de divisão aí e dividir a minha divisão com vocês.

Nesta nova edição do livro não excluí nada do que havia escrito. Fiz pequenas alterações e incluí a parte 4, que é nova, e também epígrafes.

Vamos lá, desejo que façam uma boa leitura!

APRESENTAÇÃO – OU: SOBRE UMA GESTAÇÃO – OU: ESTE LIVRO, *A CORDA QUE SAI DO ÚTERO* (PRIMEIRA EDIÇÃO)

Este livro foi escrito durante a pandemia. Não sei por que, mas acho importante dizer. Aprendi a confiar no que acho importante, mesmo sem saber por que. A gestação deste filho de papel levou dez ou quinze dias. É um livro que fala de pedaços.

De filha da minha mãe a mãe de um bebê, de mãe de um bebê a mãe de uma criança, cada vez fica mais e mais visível para mim que a maternidade é um grande elaborar de lutos. Ou seria a própria vida uma grande elaboração de luto pelo que ela é – o que implica irreversivelmente que ela não seja tudo o que não é, simplesmente porque é o que é e não o que não é.

Este livro é feito de poemas-pedaços. Pedaços da minha vida como é e como não é – este livro, então, é ambicioso e abarca um pequenino pedaço do infinito.

Este livro ter sido escrito durante a pandemia tem a ver com alguma coisa do amor que sinto pela minha filha ser grande demais para ficar trancafiado no mesmo espaço tanto tempo.

Este livro é um gesto egoísta, porque enquanto o mundo se despedaça, enquanto o nosso país se liquefaz, eu só sei prestar atenção nas pequenezas que me salvam.

Este livro é uma procrastinação, porque o escrevi enquanto deveria estar escrevendo minha tese de doutorado.

Este livro é um ato de amor, sobretudo, um respiro às exigências e recriminações superegoicas.

Este livro é uma necessidade.

Filha, se um dia você ler isso, e espero que você tenha coisa melhor pra fazer e não leia, mas também espero que você se interesse o suficiente por sua história e leia, saiba: são sempre os pedacinhos que importam.

SUMÁRIO

PREFÁCIO 15

Parte 1
A CORDA

DIREITO FUNDAMENTAL 21
MARCAS 23
FECUNDAÇÃO 25
QUEM NÃO ESCREVE, DANÇA 27
A PROFESSORA DE BALLET 29
LABIRINTO 31
DESP(ED)IDA 33
IMPERATIVOS 35
SERVIDÃO 37
VAZIO 39
ESCRITA 41
SANGUE 43
COREOGRAFIA 45
DESP(ED)IDA – OU: UM SONHO 47

Parte 2
ACORDA

A CORDA	51
LÓBULO	53
LUTOS	55
PESO	57
LUTO – DO QUE CONTINUA	59
UMA MULHER COM UM BEBÊ NO COLO	61
INAUGURAÇÃO	63
OLHARES DE MULHERES	65
OLHARES DE MULHERES II	67
OLHARES DE HOMENS	69
DOÇURA	71
ABAJUR	73
PUERPÉRIO	75
ENSAIO SOBRE A MATERNIDADE OU: A FALÊNCIA DO INSTINTO MATERNO	77
ZONA ERÓGENA	79
NUNCA MAIS	81

Parte 3
A COR DÁ

A CORDA QUE SAI DO ÚTERO OU: EXPLICAÇÃO QUE NINGUÉM PEDIU	85
BUÁÁÁÁ	87
A MÃE DA MÃE	89
CAMINHO DE VOLTA	91
EI, MENINA	93
TODOS OS DIAS	95
PARIR A SI MESMO	97
PARAR A SI MESMO	99
POEMA FUNDAMENTAL	101
DE REPENTE A COR DOU	103
NANA NENÉM	105
UM PAI NASCE	107
APOIO	109

Parte 4
ACORDES

VOZ	115
CRIANÇAS	117
DE AMOR E SABER	119
RECIPROCIDADE	121
BRINCAR	123
O AMAR FALA COM A GENTE	125
PAI-LAVRA	127

POSFÁCIO 131

PREFÁCIO

Da psicanálise
Falar de amor é do que a Psicanálise mais trata, desde que Freud fez do amor de transferência o motor da experiência analítica. Para chegar-se a descobrir que do amor, justamente, não se pode falar. Ao dizer que "o amor é dar o que não se tem", Lacan aponta para um "mais-além" no amor, para uma falta. Esta falta, funcionando como um núcleo de vazio, opera como causa para Ana Suy Sesarino Kuss, psicanalista, abordar o amor por um outro efeito de linguagem que não o da palavra falada: o da palavra escrita. Seu livro *Amor, Desejo e Psicanálise* é fruto de seu amor à psicanálise.

à poesia
Ana Suy, mulher, recorre à poesia que lhe permite quebrar as barreiras da linguagem, dizer mais do que podem as palavras sobre o amor. Em seus livros de poemas, *Não pise no meu vazio* e *As cabanas*

que o amor faz em nós, a autora, marcando a língua com seu estilo, indica o quanto o amor mostra-se plástico: nele, diversos pedaços são revisitados, deslocados ou abandonados; rumos inesperados são tomados e, isso, na alternância de tempos fortes e de silêncios. Sua questão é "como viver separado-junto?" se existe, na relação entre um homem e uma mulher, um "muro", como diz Lacan? Aliás, mesmo dois: o muro da linguagem e o da não relação sexual.

ou ao ato

O livro de poemas que Ana Suy, mãe, agora publica, é um ato de amor à filha. Seguindo uma necessidade interna (causa do seu desejo), ela manifesta sua urgência em abrir espaços para a menina viver para além do confinamento social de nossos tempos, para além de *A corda que sai do útero*. Sabe da necessidade de manter a diferença entre a posição de mãe como Outro "que tem" do da mulher como Outro que "não tem". Quer oferecer-lhe a "falta", propulsor do desejo. "Filha, se um dia você ler isso, saiba: são sempre os pedacinhos que importam."

ou ainda, ao meio-dizer

"São sempre os pedacinhos que importam", a exortação de Ana Suy à sua filha que consta na primeira edição de *A corda que sai do útero* é retomada nesta nova edição como ideia de um "não-todo" que marca a mãe e a mulher que nela é. "Para ser mãe é preciso (se deixar) partir" – (se deixar re)partir. Lacan menciona que há, na mulher excluída da natureza das coisas – isto é, excluída da palavra –, um ponto do real que resiste à entrada na linguagem. A consequência é que a verdade de uma mulher nunca pode ser toda dita. Pedacinhos...

Malvine Zalcberg
Psicanalista

Parte 1
A CORDA

> Por motivos que nem minha mãe nem meu pai podiam controlar, eu nasci e fiquei apenas: nascida.
> CLARICE LISPECTOR, *Pertencer*.

DIREITO FUNDAMENTAL

O que será que uma mãe
faz, além de ser mãe?
Ser mãe dói demais.
Todas as mães precisam
do direito fundamental
de serem mulheres
também.

MARCAS

Parir um mundo,
porque qualquer coisa que alguém dê à luz
tem vida própria.
É todo um mundo,
com marquinhas do Outro.

Escrevo para salvar a minha mãe em mim.
Para honrar minhas pequenas e profundas marcas
 do Outro.
Serei eu marca ou
serei eu marcada?

Entre mim e ti, eu.
E se eu te fosse?
E se eu me fosse?
Então (me) fui.

FECUNDAÇÃO

Deitei para dormir.
Na cama permaneci por noventa ou cem minutos.
Levantei grávida deste livro.

Agora entendo quando dizem que um livro é um filho.
De quantas semanas será a gestação de um filho de papel?

Escrevo com urgência.
É como se precisasse fazer esse filho nascer logo.

Meu último filho ficou quase um ano pronto, até nascer.

Uma gravidez é
radicalmente diferente
da outra.

QUEM NÃO ESCREVE, DANÇA

Como é que se dorme
quando
poemas não param de se escrever na sua cabeça?
Engana-se quem pensa que um escritor
escreve seus próprios textos.
Não sei se sou escritora,
sei que escrevo.
E o que escrevo nunca é meu.
O que é meu fica em mim.
Escrevo o que se joga pro papel.
Escrevo o que não é meu.
Ao menos não é mais meu.
Escrevo o texto do Outro.
Desse Outro que escreve em mim.
A escrita é como uma possessão demoníaca.
Talvez eu fosse uma endemoninhada,
não tivesse aprendido o caminho da escrita.
Às vezes é pouco escrever só com os dedos.

Queria escrever com o corpo todo.
Mas escrever com o corpo todo
é dançar.
E eu precisei parar de dançar
pra escrever.
Escrevo minha dança.

A PROFESSORA DE BALLET

Menina,
você pensa que útero é pra quê,
pra fazer filho?
Útero é pra te dar força.

*mesmo quando não está mais lá.

(Homenagem a todas as minhas professoras de dança.)

LABIRINTO

Onde estão minhas sapatilhas?
Quebraram.

Onde está meu figurino?
Em casa.

Onde está a coreografia?
Esquecida.

Onde estou eu?
Que eu?

Onde está a saída das coxias?
Lá pra fora?

Não,
para o palco.

DESP(ED)IDA

Bailarina é quem faz amor com o palco!

IMPERATIVOS

"Bailarina sem dor é bailarina morta!"
Em casa,
Coloco linha na agulha e dou dois ou três pontos em cada bolha do pé.
Amanhã a dor não doerá.
Estarei viva e talvez dance.

SERVIDÃO

Escrever é um tormento,
uma prisão.

Quero dizer uma coisa sem palavra,
mas preciso da palavra pra dizer algo sem palavra.

Então uso a palavra para dizer que ela não me serve.
Sou eu que a sirvo.

Ainda bem que
(nem) sempre escrevo.

Escrever só não é um tormento maior
do que não escrever.

VAZIO

O útero é um vazio
só depois
que alguém esteve lá.

O nascimento de um filho
é a inauguração
de um (novo) vazio.

Parir um filho é
dar à luz a um vazio
(e outro e outro).

ESCRITA

Mãe, o que está escrito aqui?
É a lista de compras do mercado, filha.
Que lista linda!

Era cola para a faculdade.
(Antes que eu aprendesse a ler.)
(Ler o que está escrito implica em perder o que não está escrito.)

Como a mãe da infância faz coisas bonitas.
Como é bonito recuperar esse encanto diante da mãe Adulta.

SANGUE

A bailarina
roda,
gira,
rodopia,
sangra
ahn?

O sangue escorre pela perna,
escurece o tom rosa
da meia-calça.

– Posso ir
ao banheiro,
professora?

– Não.

Roda,
gira,

rodopia,
sangra,
aham.

O sangue
faz
parte
da dança.

COREOGRAFIA

Tombepadeburreglissatpadexa.
Tombepadeburreglissatgranjete![1]

Os passos de ballet sempre foram
palavras primeiro.

Tudo é palavra
antes de ser corpo.

---

1. Nomes de passos de ballet, oriundos da língua francesa
– aportuguesados.

DESP(ED)IDA – OU: UM SONHO

Escalo um prédio.
Chego lá no alto, no último andar.
Tudo o que tem é algo
que se parece com uma banheira.
Vazia.
Não tem ralo.
Não tem hidromassagem.
Não tem mancha.
Tem algo que se parece com uma banheira.
Nada acontece,
Então
 Acordo.

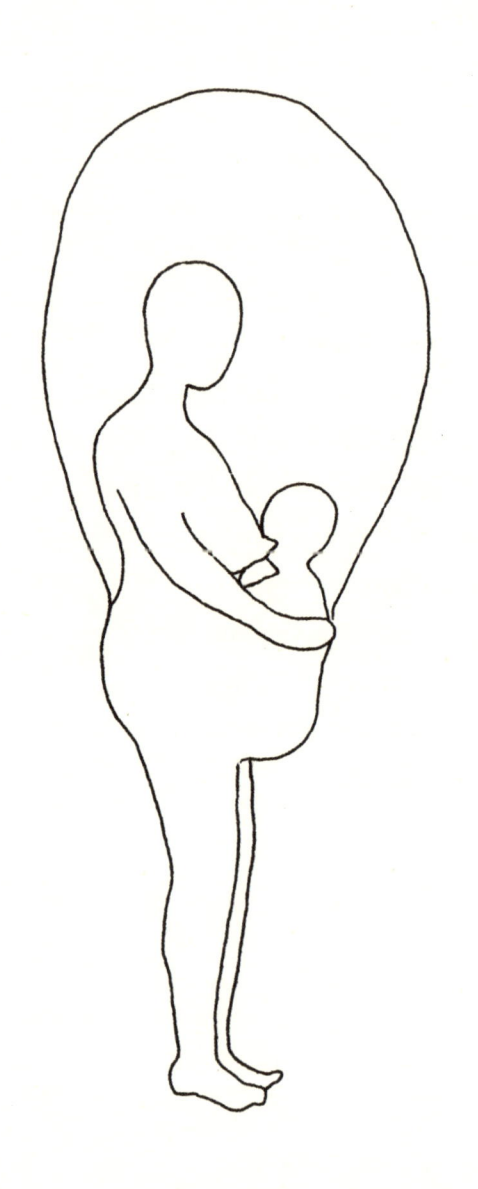

Parte 2
ACORDA

Porque eu sempre soube de coisas
que nem eu mesma sei que sei.
Clarice Lispector, *A descoberta do mundo.*

A CORDA

Escrevo para poder dormir.
Mas escrever
me a cor dá.

LÓBULO

Eu gostava de balançar
pra lá e pra cá,
com meu pequeno dedo indicador,
o lóbulo da orelha dela.
— Chega — ela dizia.
Ué, como assim,
você não gosta de tudo o que eu faço?
(Ufa)

LUTOS

Sonhei que você estava
embaixo da minha escápula.

Três meses ou três anos antes
– Você perdeu seu bebê – eles disseram.

Três anos ou trinta séculos antes
– Perdi minha sombrinha – disse eu à minha mãe.

Três centésimos de segundos depois
– Perdeu onde, filha? – me disse a minha mãe.

Se eu soubesse não tinha perdido, oras –
eu disse

Você perdeu seu bebê –
disseram.

Perdi
onde?

Se eu soubesse não tinha perdido,
oras.

Três meses ou três anos depois, eu o achei em sonho.
Atrás da minha escápula.

Ele escapuliu de mim.
Em mim.

Todo mundo escapa de mim.
Menos eu.

Será que um dia a palavra mãe para de escapar de mim?
Escolhi uma fonte bem bonita e marquei horário com o tatuador.

PESO

Um filho é
uma coisa dentre tantas que saem
de um útero.
Um filho respirando é
a coisa mais viva que sai
de um útero.
Vou te prender
no útero da minha casa.
Chega de ir embora de mim.
Agora vai ficar na amarra.
Cansei de esperar o amor amarrar algo.
A ponte "des arts" em Paris
teve os cadeados dos casais retirados,
por risco de queda.
Prender pesa
mais do que a ponte do amor
pode aguentar.
Vai ficar nessa casa sem janelas,

sem porta,

sem saída.

Mas como te colocar ali dentro?

O que não tem saída não tem entrada.

LUTO – DO QUE CONTINUA

Te perder
é um pouco de me perder em ti;
me perder em mim,
me prender em mim.
Refaço pedacinho por pedacinho da nossa história,
da minha vida, do meu corpo – numa outra perspectiva.
E cada coisa vira outra.
Deve ser isso que chamam elaboração de luto.
Meu mundo caiu e estou grávida de outro;
me sinto um rabo de lagartixa.

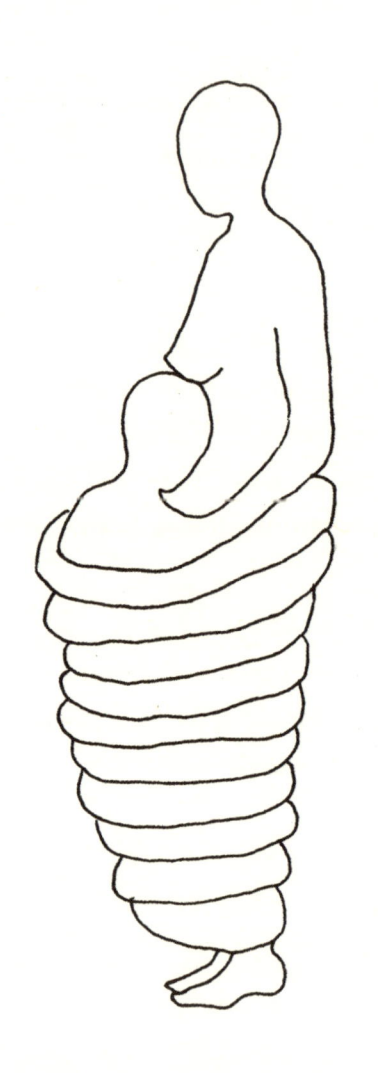

UMA MULHER COM UM BEBÊ NO COLO

Desde que soube que terei um bebê,
uma mulher com um bebê no colo
nunca mais foi
uma mulher com um bebê no colo.

Agora
uma mulher com um bebê no colo
é:
uma mulher com um bebê no colo.

INAUGURAÇÃO

Ela começou ensaiando uns passinhos delicados, numa coreografia sutil. Parecia fazer carinho em mim do lado de dentro, um lugar que me era verdadeiramente novo – no corpo e no amor. Em algum momento do carnaval, a coisa se tornou mais enérgica. A minha barriga virou uma Sapucaí – ou algo assim. Tem uma menina que dança, dança, dança, incansavelmente dança em mim. Eu, que sempre gostei de dançar, nunca imaginei que ia amar ser, ao mesmo tempo, palco, coxias e cortinas.

OLHARES DE MULHERES

Quando se está grávida,
só de ser olhada –
ou melhor, só de olhar sendo olhada,
dá pra saber quem é mãe
e quem não é.

Também dá pra saber
quem é feliz sendo mãe
e quem não é,

num misto de
ooooh, coitadinha, vai ser mãe
e
viva você, que será mãe.

O que muda é
a sinceridade de cada uma,

não com a gestante,
mas consigo mesma.

Quanto mais inadvertida
das ambivalências da maternidade
uma mulher-mãe é,
mais infeliz como mãe
a mulher nela é.

OLHARES DE MULHERES II

Quando uma mulher-mãe
repousa seu olhar sobre uma gestante,
ela já ergue as saias,
ajeita o bustiê,
engole a saliva
e rapidamente dá um jeito de anunciar
que já é mãe:

esse olhar não me pega mais.

OLHARES DE HOMENS

Uma gestante sabe, em meio segundo,
qual é o caráter de um homem.

Há os que olham com medo,
filhinhos da mamãe.

Há os que olham com cuidado,
fofos.

Há os que não olham,
amedrontados.

Há os que olham como olhavam ou olhariam se
    não houvesse uma imensa saliência no ventre,
corajosos.

Há os que olham com olhos de desejo pelo alto
    relevo no ventre,
assustadores.

DOÇURA

Como é doce e paradoxal
esperar por alguém
que já está aqui!

ABAJUR

Agora

eu me sinto como uma bolsa para você,
sua casa,
sua manjedoura,
sua incubadora,
uma fábrica de você.

Agora

eu me sinto como uma caneta marca-texto,
que está se preparando para grifar
o que em breve haverá
de mais lindo no mundo.

Agora

eu me sinto como um girassol,
que vive não apenas por viver,

que não segue apenas o ritmo da agenda,
mas que busca a luz maior do mundo.

Depois

serei como um abajur,
uma luz suave e fundamental
que, na melhor das hipóteses,
se tornará dispensável.

PUERPÉRIO

Você está muito bem, filha.
Ah, pai, eu tô acabada.
Tá é começada.

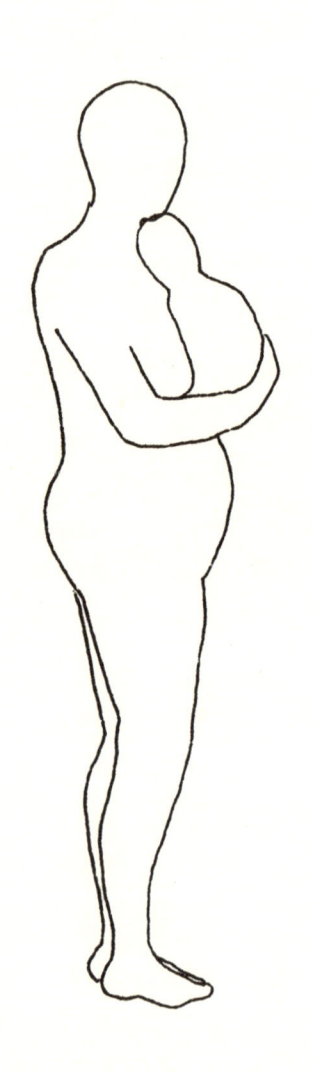

ENSAIO SOBRE A MATERNIDADE OU: A FALÊNCIA DO INSTINTO MATERNO

Quando é que coloco ela pra mamar?

Quando
você
quiser.

ZONA ERÓGENA

Minha barriga é uma zona erógena desde que abriga um vazio.
Quanta vida ficou nela.

NUNCA MAIS

Saindo da maternidade
 O mundo não é mais o mesmo.
Como as mães vivem?
Como podemos insistir em ter filhos?
Por que a humanidade não para?
E tudo se explica com um cheiro.

Parte 3
A COR DÁ

Pois juro que a vida é bonita.
CLARICE LISPECTOR, *A descoberta do mundo.*

A CORDA QUE SAI DO ÚTERO OU: EXPLICAÇÃO QUE NINGUÉM PEDIU

Quero que o leitor saiba que acho essas brincadeiras de *a corda, acorda, a cor dá* e *acordes* bastante bregas.

Digo isso na expectativa de que não me achem brega, ao menos não tão brega assim. Nada mais brega do que evitar ser brega.

No entanto, como escrever um livro de poesias sobre maternidade sem ser brega?

Como falar de amor sem ser brega?

É verdade, tem muita gente que o faz com elegância.

Não é o meu caso.

Amar, para mim, só é possível de crocs com polainas de bolinhas, calça de pijama com blusa de moletom velha e confortável – como poderia eu fazer uma brincadeira elegante com as palavras?

Os grandes conseguem, é verdade. E não são poucos, embora raros.

Mas eu, há muito, já desisti de ser grande (a começar pela minha altura, que sequer chegou a um metro e sessenta).

Ser pequena me é um alívio.

Escrevo porque sou pequena.

Publico, paradoxalmente, por falta de ambições.
(Aqui jaz um poema terrível entre acordares, as cores, acordes etc. – que troquei por essa prosa explicativa.)

BUÁÁÁÁ

Será
Que
Não
É
Fome?

(A saga da amamentação.)

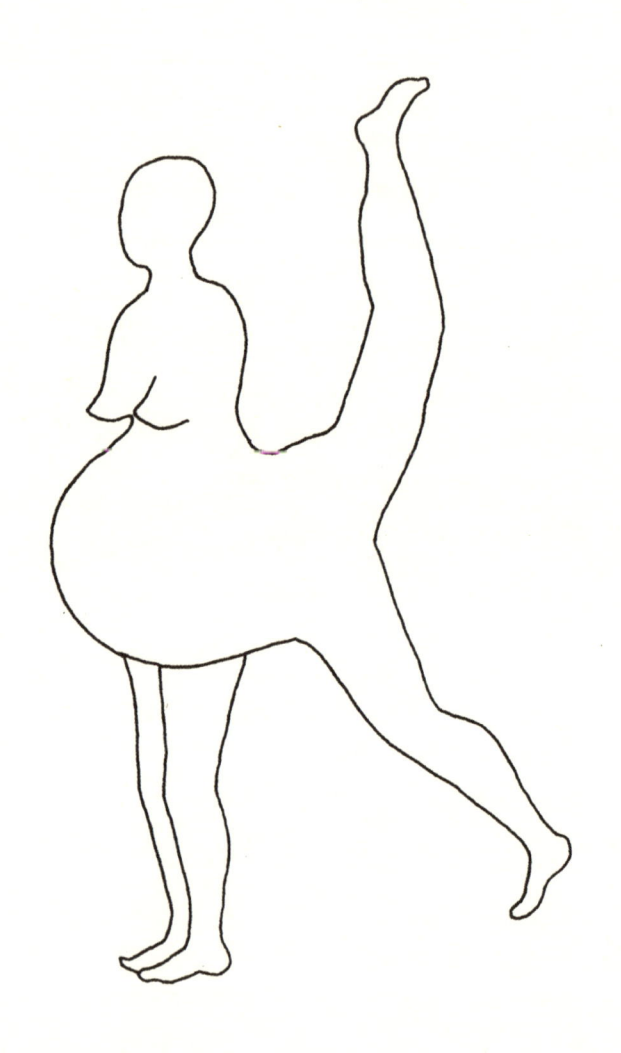

A MÃE DA MÃE

– Filha, penteia seu cabelo –
disse docemente a mãe da recém-mãe, ainda na maternidade.

(Eu que cogitei fazer alongamento de cílios antes de parir.)

CAMINHO DE VOLTA

Rímel, corretivo e delineador
todos os dias:
um ritual obsessivo.

Durante a gravidez, pensei que quanto mais minha filha
ganhava espaço dentro de mim,
mais eu perdia espaço em mim.

Então, pensei: quando ela nascer,
vou recuperar meu corpo;
ledo engano.

O pós-parto me foi
uma experiência de
quase absoluta perda de corpo.

Rímel, corretivo e delineador

todos os dias

era uma forma de tentar retornar a mim.

(E eu que cogitei fazer alongamento de cílios antes
de parir!)

EI, MENINA

Por que parou de dançar?
Porque precisava fazer algo por mim.
Jeté[2] se escreve com j ou com g?
E por falar em jeté,
certa vez perguntei ao meu pai:
Pai, seu nome se escreve com j ou com g?
Meu pai, que se chama Jorge, disse: com os dois.
Passei anos escrevendo Jorjge.
É preciso saber fazer uma pergunta.

E o *baré*, como foi?
Dizia a mãe da minha mãe, japonesa,
que agora seria mãe
da mãe da mãe,
mas não é, pois
já não está mais aqui.

---

2. Jeté é o nome de um passo de ballet.

E eu já tenho mais idade
do que quando escrevia a idade da minha mãe nos
   cadernos de confidências:
trinta e quatro.
Já era.

Ei, menina,
Por que parou de dançar?
Eu não parei.
Agora danço com palavras.

TODOS OS DIAS

Na noite anterior, escrever dedicatórias
e preencher envelopes.
De dia,
mochila nas costas,
neném no sling
e 3 quilômetros, a pé, até os correios.
O bebê dorme,
minhas letras se espalham
e calorias se perdem
ou se acham.
Mãe,
mulher,
escritora,
quilos.
Quase tudo escapa.

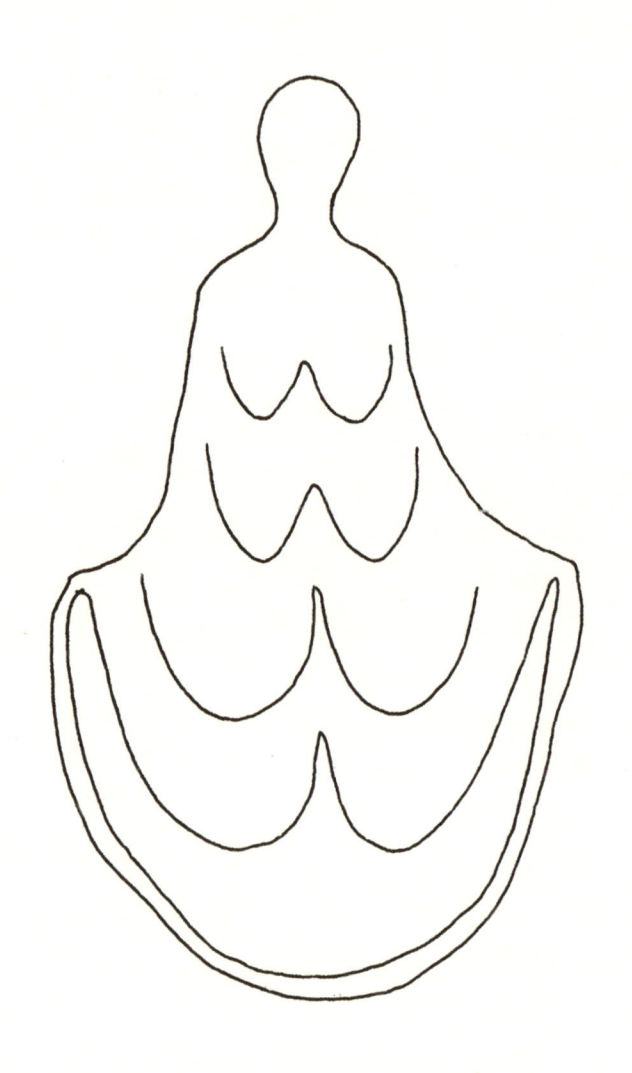

PARIR A SI MESMO

Há um ponto da vida em que os pais ficam na infância.
E a gente passa a lidar com a mulher que a mãe da gente
é, com o homem que o pai da gente é,
com os homens e as mulheres que são os nossos irmãos.
Quando a gente chega a esse ponto da vida,
é que se tornou mãe, pai, irmão, irmã de si mesmo.
E aí a gente não precisa mais deles,
mas quer a presença deles mesmo assim.
Não para que eles nos deem alguma coisa,
mas porque a gente aprende que amar é dom
e é dando que mais se recebe.

PARAR A SI MESMO

Há um lugar em nós que quer apenas ir
continuar indo
e seguir indo,
não pra ver onde dá,
mas simplesmente
para seguir indo,
como se fosse dar em lugar algum.
Aí,
cataploft.
Se a gente não para,
a vida nos faz parar.

POEMA FUNDAMENTAL

Ah, se eu pudesse me poemizar,
não precisaria me fazer ser amada,
não precisaria que alguém fizesse um poema para
 mim;
e poderia abandonar minha tímida fantasia de ser
 amada
pelo que sou ou escrevo,
como se eu fosse alguma coisa ou escrevesse algum
 tipo de verdade.

Ah, se eu pudesse me poemizar,
se eu pudesse me parir,
se eu pudesse me parar,
se eu pudesse me ser pai, mãe e irmãos,
talvez pudesse
prescindir de mim mesma
e só ir,
sem me preocupar comigo.

Essa é a minha mais imponente fantasia

Se eu fosse meu próprio poema,
não precisaria mais escrever.
Mas
Me
escrevo.

DE REPENTE A COR DOU

Sempre fui ótima de cama
ou
dormia como um bebê.
Se bem que todas essas expressões
perderam o sentido depois da maternidade.

Recentemente
tenho acordado à noite
e não conseguido dormir mais,
por várias horas.

Em silêncio,
de olhos fechados,
fico pensando:
que bom é estar só comigo.

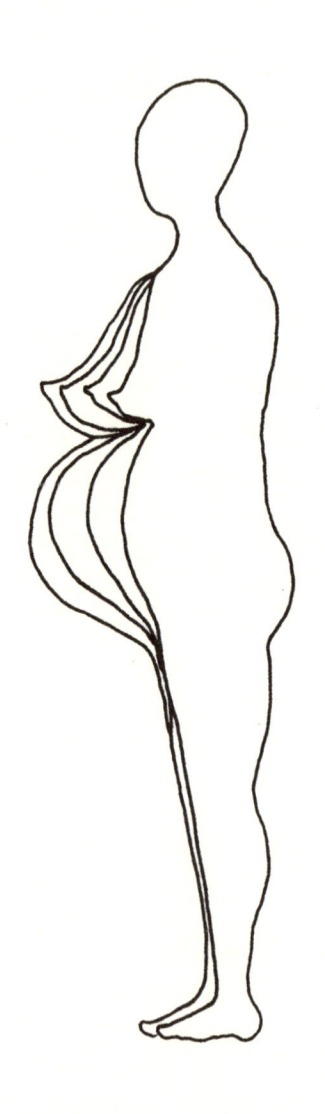

NANA NENÉM

Nana neném
que a culpa vem pegar

Risos
Ao menos isso

UM PAI NASCE

Eu não sei o que é mais bonito,
se é se tornar mãe
ou se é testemunhar
o homem que se ama
tornar-se pai,
por intermédio do
próprio corpo.

APOIO

Na saga da amamentação:

entre bolhas e
óleo de girassol,

entre fissuras e
máquina de extrair leite,
entre dores,
desejos e culpas:

Você sabe que não precisa fazer isso, né?
Ela pode tomar fórmula...

Agora que você diz, eu sei,
é por mim que insisto.

Um pai nasce
ali onde uma mãe titubeia.

Outro nome para a entrada do pai é: alívio.

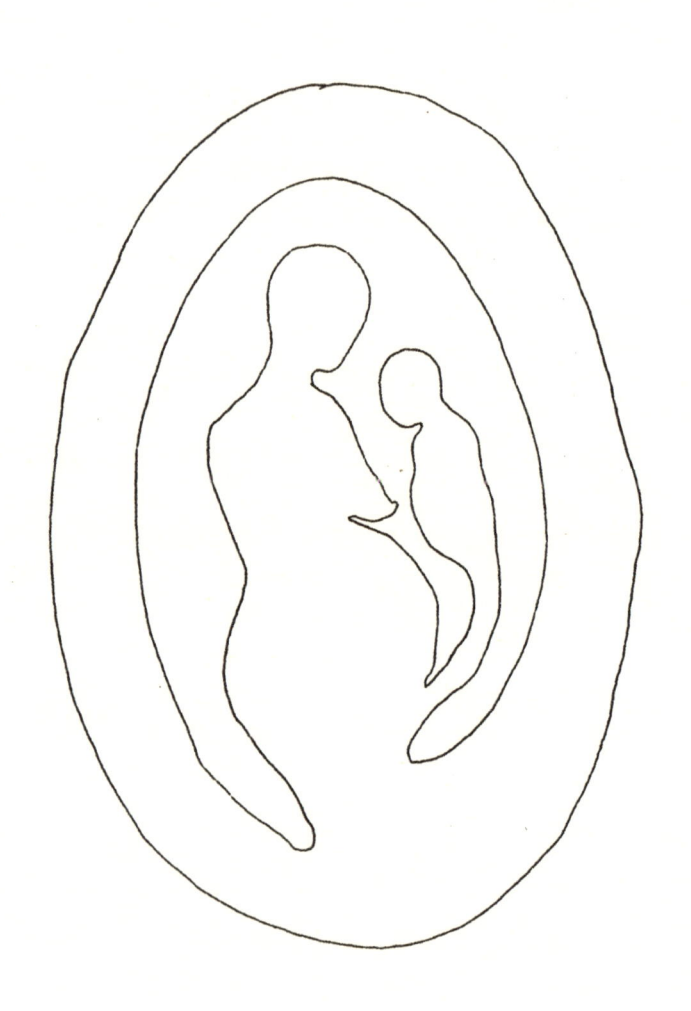

Parte 4
ACORDES

> – Ela olhava o piano aberto – as músicas lá estavam contidas... Seus olhos se alargavam, escurecidos, misteriosos.
> CLARICE LISPECTOR, *Perto do coração selvagem*

VOZ

Uma vez, ainda de barrigão,
Ao pagar um chocolate
A moça do caixa perguntou
Está ansiosa para ouvir a voz dela?
Eu nunca tinha pensado naquilo.
Mas depois que você nasceu, filha,
Descobri que sua voz é
Música para os meus ouvidos.

CRIANÇAS

As crianças parecem nascer
tendo lido Freud, Lacan, Klein e Winnicott e
irem esquecendo ao longo do tempo.
A gente ama lá onde não sabe,
pois saber e amar andam afastados.
Amar tem mais de suportar
não saber
do que de saber, de fato.
Mas é preciso não se apaixonar
pela ignorância.
Dizem que ela é uma bênção,
mas se assim o fosse,
não pagaríamos tão caro por ela.
Não cessar de desejar saber,
mas amar o impossível
que sempre escapa.
Amar o impossível e
não a ignorância.

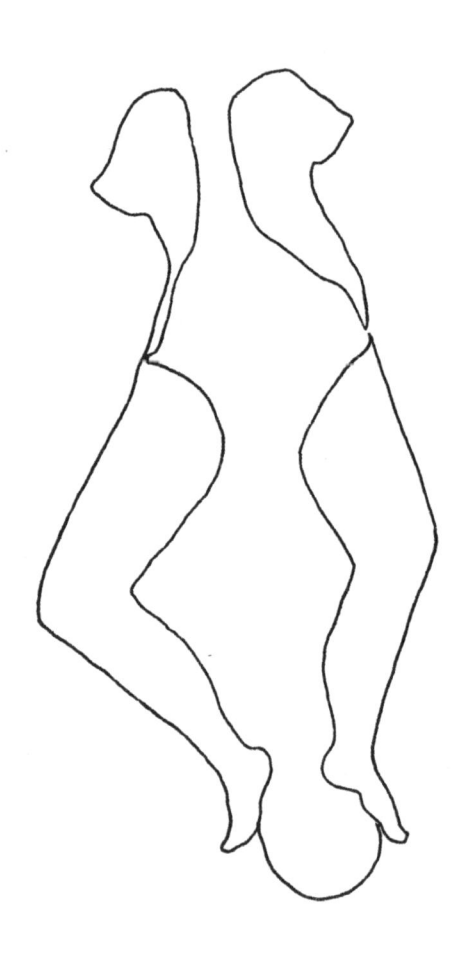

DE AMOR E SABER

— Filha, você me ama?
— Sim, mamãe, eu te amo.
— E o que é o amor?
— Não sei...
— Então como você sabe que me ama?
— Ué, não precisa saber para amar, mamãe.

E eu que já tinha lido:

"A sabedoria não existe senão em outra parte. Para o amor, ela não serve para nada".
Lacan, seminário 13

"De um homem que consegue chegar até o conhecimento não se poderá dizer que ama ou odeia; situa-se além do amor e do ódio. Terá pesquisado em vez de amar."

Freud, em *Leonardo da Vinci e uma lembrança de sua infância*

Mas a mãe não sabe.

RECIPROCIDADE

— Você sabe que eu te amo, né, filha?
— Sei, sim, mamãe.
— E como você sabe disso?
— Porque eu te amo. Eu te amo, então você me ama!

No início
amar e ser amado
são uma coisa só.
Depois, alguma coisa se desencontra e
nunca mais se encontra assim
tão bem encontrado.
Acho que era isso que Freud quis mostrar
quando disse que o encontro é sempre
um reencontro.
Fazer amar e ser amado
ser uma coisa só
é algo que se vive só depois
com muitas sessões de análise e
uma boa porção de sorte.

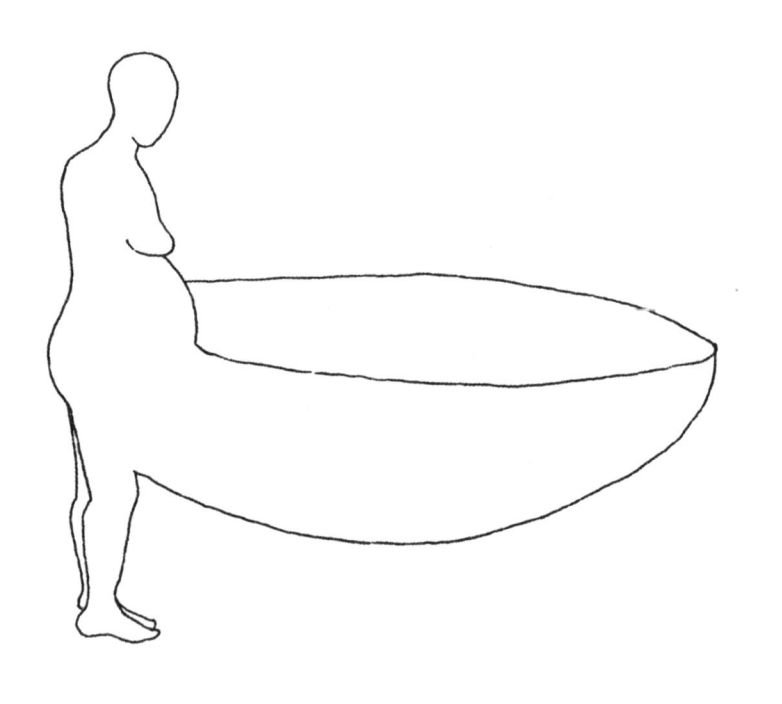

BRINCAR

"Mãe, brinca comigo?
E o que é brincar?
Brincar é ajudar uma criança a ser criança."

Ser criança não é natural
ainda que aconteça
espontaneamente.

O AMAR FALA COM A GENTE

"Dentro da concha
mora a voz do mar",
ela disse.

PAI-LAVRA

> o que nos faz ouvir a música senão a
> presença do inaudível, até então banido
> da mesmice tagarela do cotidiano?
> ALAIN DIDIER-WEILL

Comecei a escrever antes mesmo de ser alfabetizada. Me lembro de ter um anel dourado, que ganhei dos meus pais, pequenino como meu dedo anelar. Ao ficar de castigo por fazer alguma má-criação – nunca fui boa nisso, era boazinha demais –, era encaminhada ao meu quarto. Feliz por estar só, aliviada por estar só, colocava um dos olhos tão perto do brilho do anel até que eu não o visse mais (muito perto a gente não vê), e imaginava que via um imenso gramado. Imaginava a mim, pequena, de vestido branco de alça, dançando.

Depois de escrever muitas histórias sem papel, me punha a fazer venenos. Misturava cremes com perfumes (nesse ponto imagino que eu já tinha fugido do meu quarto e ido buscar alguns ingredientes no quarto dos meus pais) e fazia poções mágicas.

Abracadabra! Abratesésemo! Alacazan!

Palavras mágicas sempre me interessaram.

Aliás, palavras sempre me interessaram porque me parecem desde sempre mágicas.

Desde muito cedo as palavras eram minha companhia maior. Desde que lembro de mim, jamais estive sozinha, uma vez que as palavras sempre estiveram junto comigo.

Outra cena:

Minha mãe está fora de casa, eu ainda era filha única e estava com meu pai no pequeno apartamento de carpê velho e cheiro de gatos, o que não seria problema, se tivéssemos gatos.

Meu pai assa um bolo.

"Estou sentindo um cheiro estranho, vamos lá no forno ver o bolo, acho que queimou", ele diz.

"Bem-feito, pra cara do prefeito!", canto eu, do alto dos meus 4 ou 5 anos, ironicamente, experimentando a expressão que tinha aprendido naquele dia com os coleguinhas da escola e me vingando por qualquer coisa da qual o pai tinha me proibido, alguns minutos antes.

"Está bem-feito mesmo, veja que bolo bonito!", diz meu pai, sorridente, mostrando o bolo crescido, sem um pedacinho queimado, sequer.

"Bem-feito!", repito, agora com mais braveza, franzindo a testa e cruzando os braços, na tentativa de fazer o pai entender a quantia de agressividade que morava naquela expressão.

"Sim, filha, está muito bem-feito este bolo, vamos fazer uma cobertura para comê-lo."

Foi em diálogos como esse que a paixão pela palavra, pelo significante e pelos seus múltiplos efeitos, me capturou. Foi com ele que aprendi que o que as palavras transmitem é justamente um impossível de transmitir. No núcleo da linguagem está um mal-entendido, um não dito, que nos leva a dizer mais e mais... e assim, fracassando, descobrimos o amor.

A corda que nos traz à vida rapidamente se transforma em acorda pra vida, em a cor dar para a vida e em acordes para a vida – porque para viver é preciso encontrar um modo de dançar de acordo com a música de cada um.

POSFÁCIO
SOBRE O QUE NOS COLORE

E se você fecha o olho
A menina dança
E dentro da menina
A menina dança
Novos Baianos

É entre mãe e filha que Ana Suy inicia seu livro. Um livro, aos meus olhos, sempre começa em sua dedicatória. É o endereçamento que nos permite a escrita, mesmo quando disfarçada. Assim, é entre duas mulheres, entre o texto agradecido pela própria existência e o sim, o "porque sim", que a vida às vezes nos dá, que o escrito de Ana se torna possível. Entre, atrevo-me inferir, o ser possuída como filha de uma mãe e o desejo escancarado de possuir, através do pronome possessivo "minha", sempre referendado a uma filha.

Estamos neste intervalo simbólico de gerações marcado por um tempo significativamente diferenciado: há de se lembrar que tal narrativa foi construída no meio de uma pandemia nunca imaginada aos desavisados. Imersa em um cenário tenebroso, a autora, despretensiosamente, serve-se do humor – como sempre lhe cai bem – para apresentar as miudezas de suas descobertas numa quarentena compartilhada com a sua filha de dois anos. Claro, poderíamos incluir tal adendo aos bastidores, ou julgar que o texto se daria à sua revelia. Mas não. O texto se impõe aos seus detalhes. Tinhoso, não abre mão da simplicidade do dia a dia contemplada àqueles que trabalham nos intervalos de um tempo intermitente imerso numa invenção possível a ser desfrutada pela criança que nos faz companhia.

Incluo-me no "nós" pois, advertida pelo livro, creio que o posfácio vem como uma espécie de hipógrafe a denunciar que o texto é o proprietário de sua escritura. Sabemos (nós, leitoras) ser por ele desfrutadas. Ana, em sua generosidade feminina – que suponho ter sido esculpida em anos de sala de aula – permite-me, também, ser usufruída. Usufruída como uma espécie de contágio, eu diria.

Daqueles aos quais tanto um bom professor como um bom analista não passam imunes. Contágios que produzem afetos a gerar reinvenções. Como nos lembra Jean-Luc Nancy, reinvenções produzidas por movimentos não restritos ao deslocamento. Como aqueles gestos que agem e reagem entre pessoas que compartilham o tempo visto numa intimidade à espera de um toque que relembra a distância entre um e outro necessária ao encontro. Ao encontro que, como sempre advertido pela autora, em sua melhor hipótese é, também, desencontrado.

Após reconhecermos a terra na qual *A corda que sai do útero* fecunda, podemos salientar que Ana caminha em um delicado percurso de nascimentos e lutos. Para tanto, alerta-nos, precisamos escrever com o corpo todo, precisamos dançar o texto, alongá-lo, exauri-lo, chegar ao limite que a respiração nos dá. Limite conturbado quando imerso num mundo marcado pela falta de ar. Sem ar podemos revestir uma estória. Murmuramos, como pela primeira vez, e refazemos a sua existência.

É nesse impasse que estamos quando lhe acompanhamos com nossa leitura. É com o texto que somos levados ao impossível que *apesar de*, apesar dele, se escreve. É ao escrever sobre a vida que somos apresentados ao que não se pode dizer da morte. Parafraseando a autora, diria que não só parir um filho, mas também um livro, é dar à luz – fugir do escuro das trevas – a um vazio. Um espaço vazio que tem por intuito criar as memórias como quem vislumbra se proteger de um presente. Atualizando a sua vivência refazemos o que chamamos de história. Sabemos que várias lembranças, inclusive as mais preciosas, muitas vezes são fantasias dos enredos que nos foram contados, das nossas fábulas prediletas e, por sua vez, podem tomar o lugar de nossas recordações mais antigas.

Ana conta seus dias de mãos dadas com sua filha.

Eu diria que um filho é, pois, o que nos continua.

É segurando esta *corda* que acessamos ao belo da dor.

Ao belo na dor.

E o livro vem como um respiro.

Acordamos.
E ali estamos. Sob a luz do suave e posteriormente dispensável, abajur. Ana nos lembra que a função materna tem seus reflexos na função de um analista. Após gastá-la é necessário inventar outra forma de estar, caso ainda se deseje o relacionamento, já outro.

É este o ponto materno que fica na infância, e a invenção traduz-se em inúmeras possibilidades de lidar e conhecer a mulher que habita o corpo de nossas mães.

A tal mulher que nos pariu.

Aquele corpo emprestado a nos gerar que não se recompõe na rapidez do rímel, corretivo e delineador. Aquele corpo tão dado à confecção do outro que faz metonímia apenas a ideia de "sempre ter dormido bem" à expressão "ser boa de cama".

Quanto tempo demoramos a nos recuperar?

Há recuperação?

Ana infere uma resposta: Sim. Mas certamente não seremos as mesmas. A outra situa-se, portanto, neste intervalo da escrita: separada tanto da mãe como da filha.

"Para ser mãe é preciso (se deixar) par(t)ir."

Em sua companhia, chegamos àquilo que *nos colore*.

Tal qual crianças a colorir traços e inventar desenhos.

Dar cor.

Sim, a vida de um filho é um texto que começamos a escrever, mas, de um instante a outro, percebemos que cabe a ela (ou a ele) pegar a tinta e colorir seu percurso num movimento que transborda e borra também em nosso papel. Cores que se recusam a qualquer borracha e se imortalizam pela nossa relação. Que tecem a nossa estória e nos dão a *certeza ilusória* que há algo a nos salvar dos números de mortos anunciados diariamente nos jornais.

Diante da morte, o único adversário possível é a vida.

Vida que gera música.

Acordes.

Entrei nas aulas de piano para acompanhar a melodia apresentada pelo meu filho que me lembrou que cantamos antes mesmo de aprendermos a falar.

Parece-me ser sobre isso.

Sobre a chance de novos arranjos, não só os vinculados ao futuro, mas, também, aos que retornam à nossa infância, aos ressentimentos e desejos de outrora. A criança espelhada nos filhos parece nos permitir outros passados. Olha-se com olhos distintos aos pais, às mães e a todos os colos que nos ninaram. Às vezes, com mais paciência e ternura. Outras, com uma pitada de culpa ou rancor. Olhamos nossos companheiros com outra modalidade de amor. Olhamos, também, as mulheres que nos rodeiam com filhos da mesma idade e nos relembram que, às vezes, mais do que uma ajuda braçal, precisamos apenas escapar da solidão. Aqui cabe uma divagação: conto que Ana foi uma amiga que a barriga me deu. Mal sabem nossas filhas de minha gratidão. Uma mulher a dividir madrugadas (ou caminhadas até o correio) numa reciprocidade de amparo que marca qualquer mãe de primeira viagem (ou apenas qualquer mãe mesmo).

***

Por fim, desejo contar que minha leitura me diz que *A corda que sai do útero* traduz belamente a tal confusão entre a língua das crianças e dos adultos descrita por Ferenczi. Diferentemente de falar como um bebê, Ana Suy apropria-se da curiosa língua das crianças e permite que, ao se deparar com a incompletude de seus próprios pensamentos, possa brincar com a linguagem e inventar outras melodias e desfechos para a sua história

e para a de sua filha.

O livro é testemunha disso.

Luciana K. P. Salum

LEIA TAMBÉM

ANA SUY
A gente mira no amor e acerta na solidão

Escrito a partir de diálogos, *A gente mira no amor e acerta na solidão* surgiu de experiências vividas pela autora em salas de aula, em sessões de análise (enquanto analisante ou analista), com amigos e em leituras de pesquisas teóricas. Neste livro, a psicanalista e professora Ana Suy quer, acima de tudo, continuar essa conversa contigo, leitor, sem a pretensão de parecer um manual ou um tratado acadêmico sobre o tema.

Puxe uma cadeira, fique bem confortável para um bate-papo sobre o amor, "essa experiência tão interessante que cada um vive sozinho junto a alguns outros ao longo da nossa passagem pelo mundo".

ANA SUY

NÃO PISE NO MEU VAZIO

Ou o livro do vazio

Planeta

"Este é um livro escrito por gente. Gente de verdade. Gente incompleta, que se descompleta a todo instante no contato com o outro. Gente que frequenta o feminino e tem intimidade com o real. É um livro sobre excessos, sobre faltas, sobre o vaivém da vida, sobre o amor, o ódio e a dor... É um livro que acolhe o vazio com carinho, como condição necessária e fundamental da existência" – RITA MANSO, psicanalista.

"Com uma linguagem simples e profunda, cotidiana e inédita, leve e marcante, pontilhada e bem contornada, os poemas de Ana Suy percorrem caminhos sobre o que preenche, o que esvazia e o que preenche e esvazia a alma ao mesmo tempo" – DANIELLE BARRIQUELLO, psicóloga.

ANA SUY
AS CABANAS QUE O AMOR FAZ EM NÓS

"Tanto para a psicanalista quanto para a escritora, o amor é o centro do maior interesse, e ao ser abordado pelas quatro mãos de uma só autora, vários de seus matizes aparecem. Mas é sobretudo pelo viés do desencontro amoroso que o amor se dá a ver. Em seu texto há análise, há catarse, há observação aguda da vida cotidiana, num *brainstorm* do verdadeiro amor – o impossível. Se há encontro, é da palavra poética que, como na análise, diz-solve a dor" – MARCO ANTONIO COUTINHO JORGE, psicanalista.

**Acreditamos
nos livros**

Este livro foi composto em ITC New Baskerville
e impresso pela Gráfica Santa Marta para a
Editora Planeta do Brasil em junho de 2024.